Ce cahier appartient à

....

....

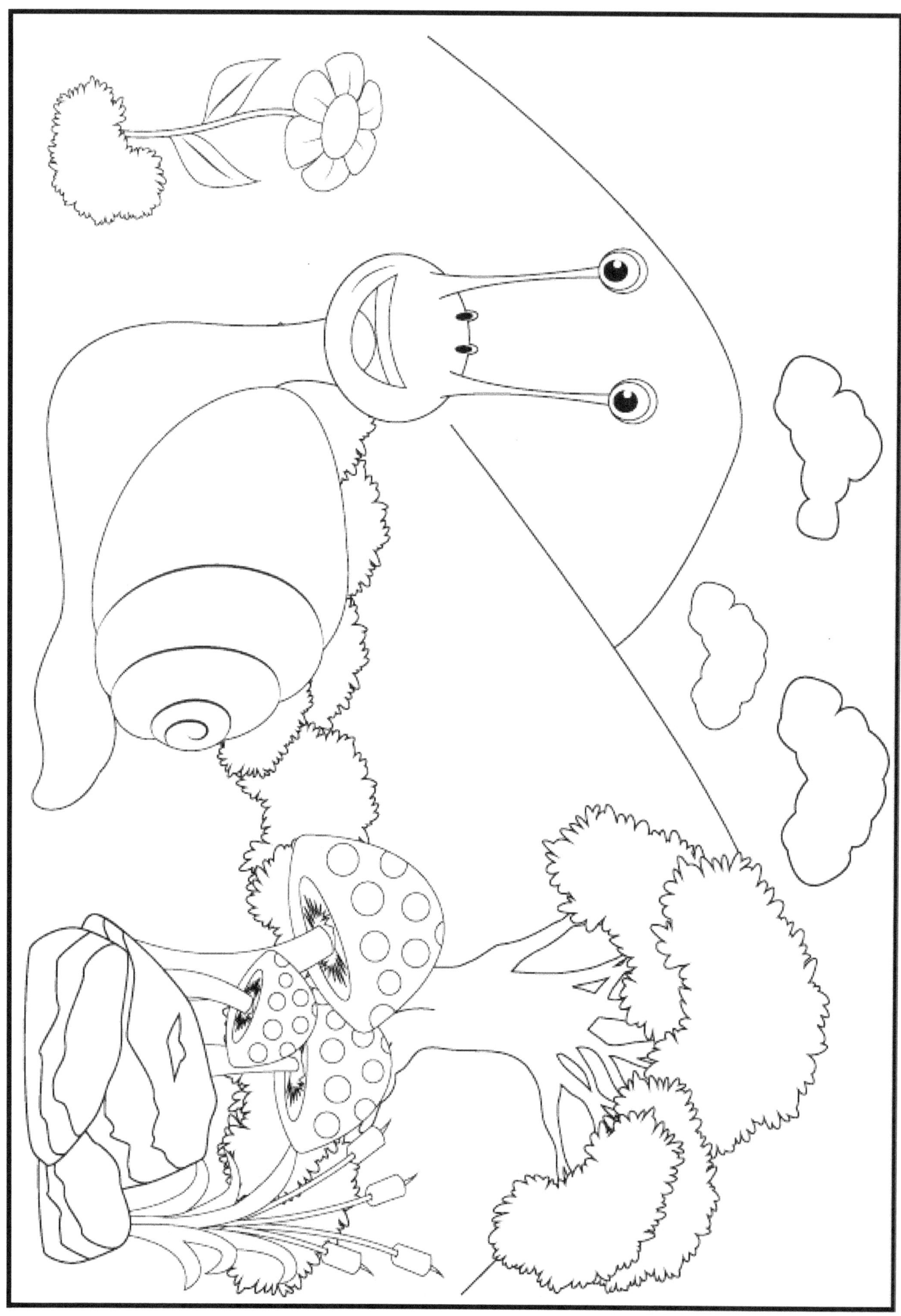

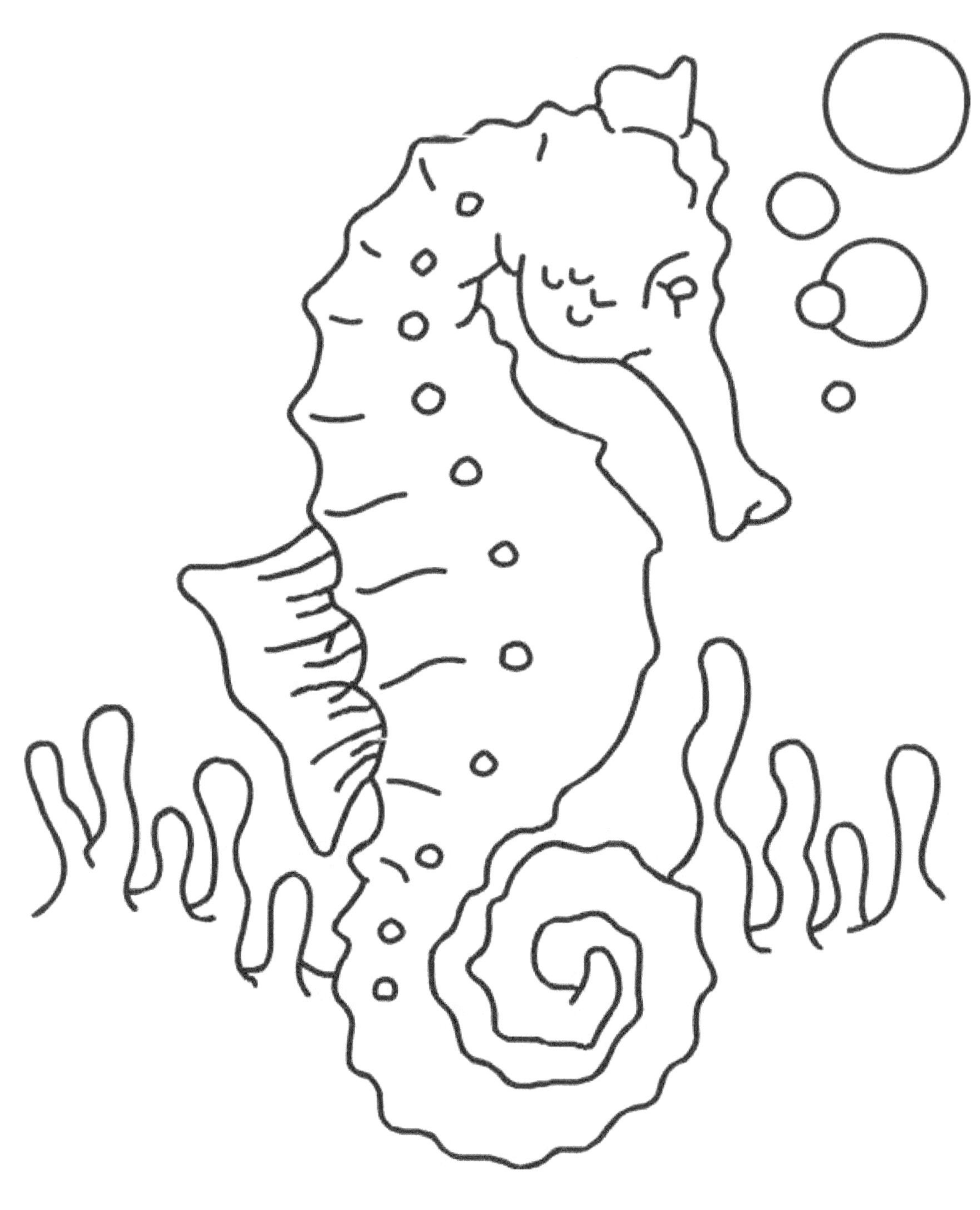

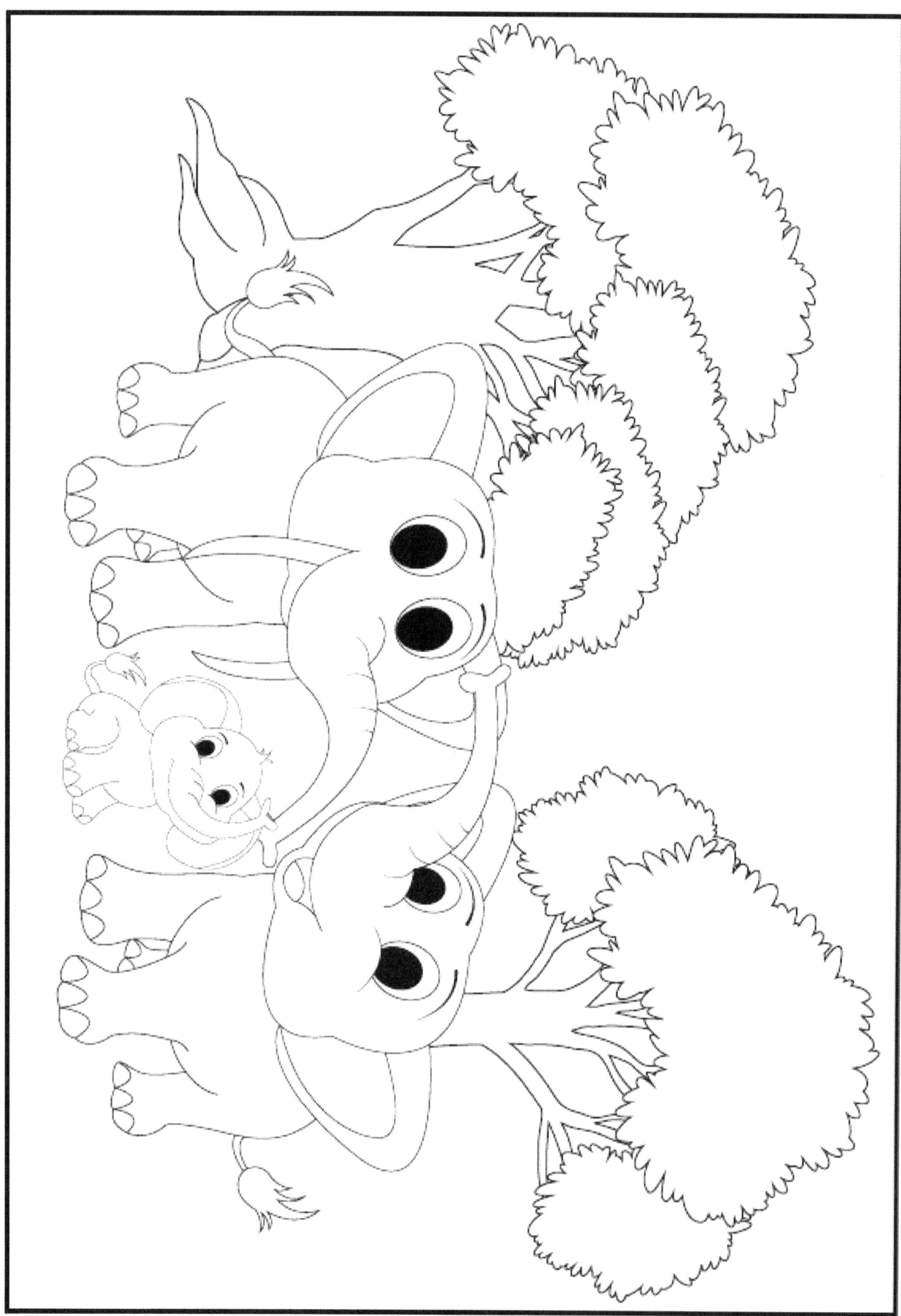

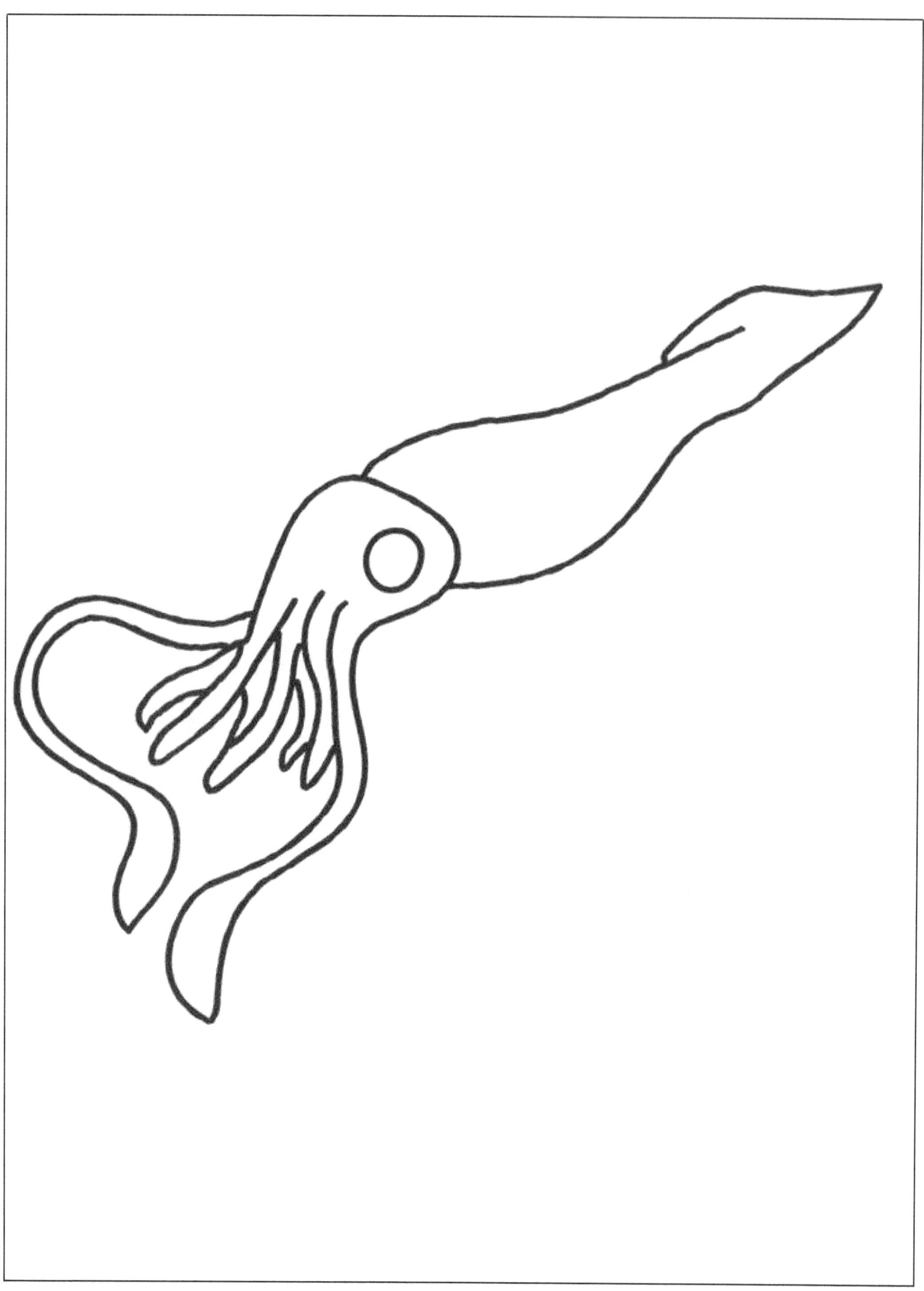

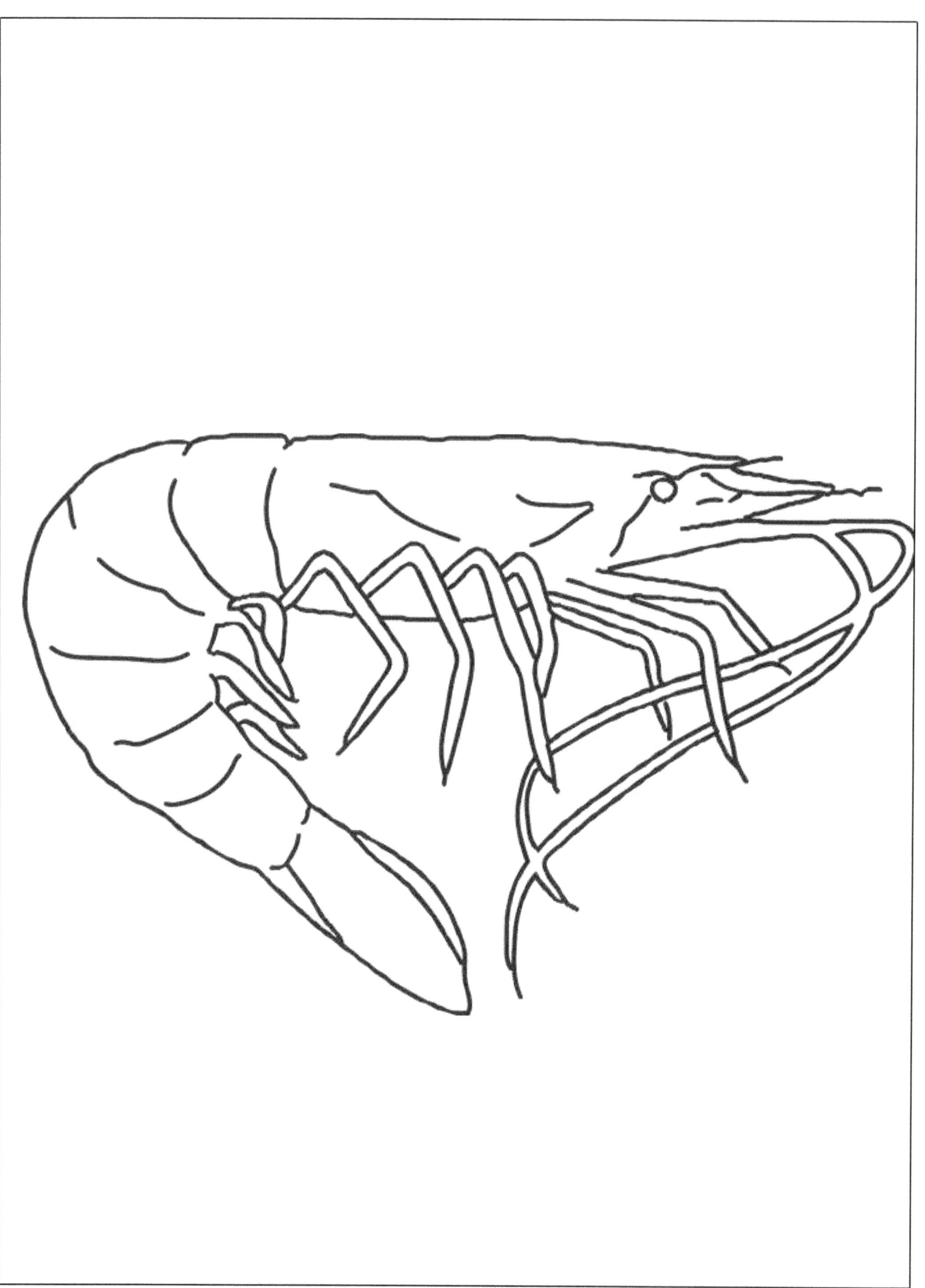

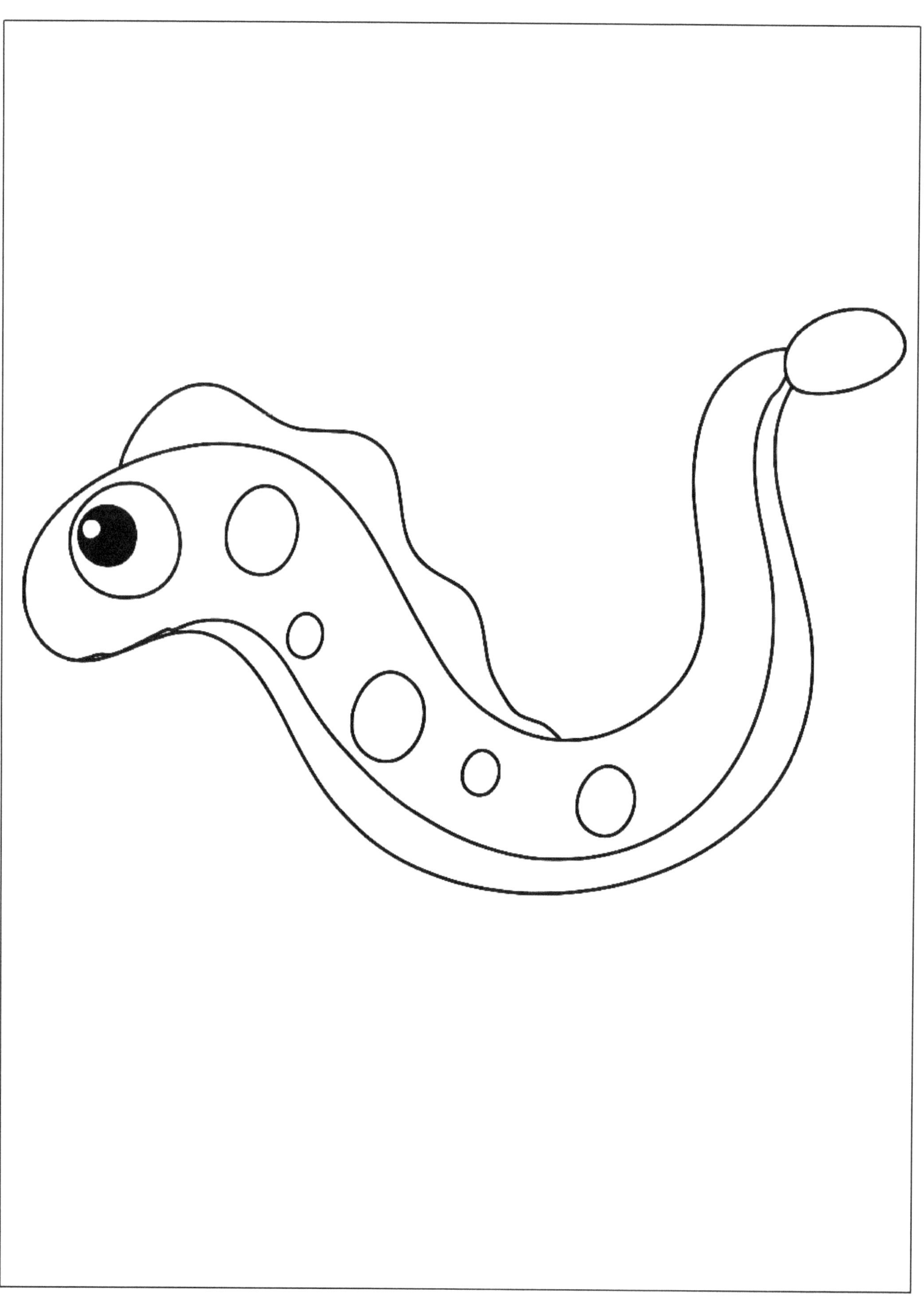